Susanne Straßer

Suppe ist fertig!

Peter Hammer Verlag

Es ist 12 Uhr Mittag.

Zeit für Suppe.

Für eine gute Suppe braucht man ...

»... rote Rüben«, sagt das Pferd.

SCHNIPP SCHNIPP SCHNAPP, ab in den Topf!

Deckel auf – Deckel zu.

Und was noch?

Für eine gute Suppe braucht man rote Rüben ...

»... und grünes Gras«, sagt die Gans.

RITSCH RATSCH, ab in den Topf!

Deckel auf – Deckel zu.

Und was noch?

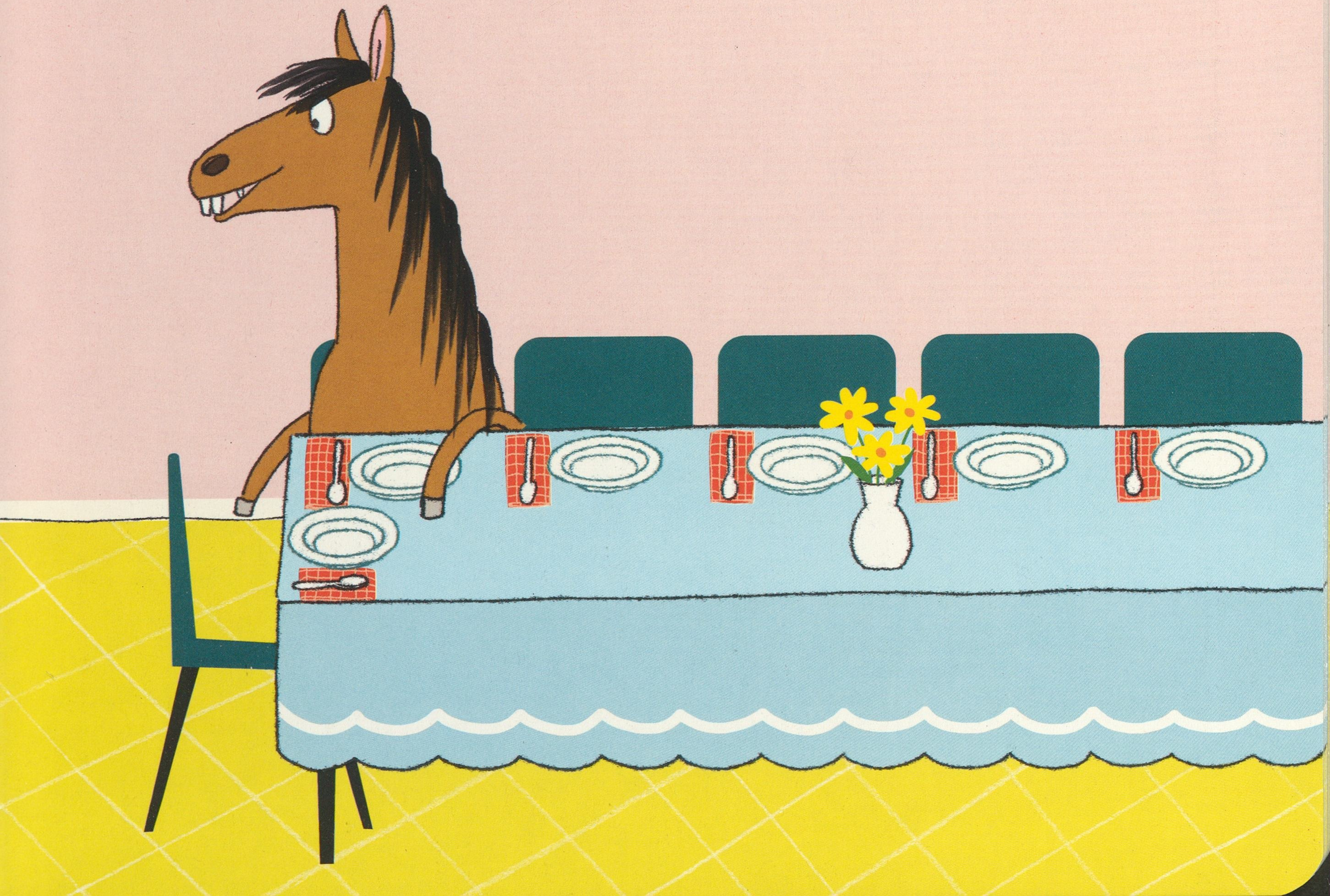

Für eine gute Suppe braucht man rote Rüben, grünes Gras ...

»... und zarte Zweige«, sagt die Ziege.

KNICKS KNACKS, ab in den Topf!

Deckel auf – Deckel zu.

Und was noch?

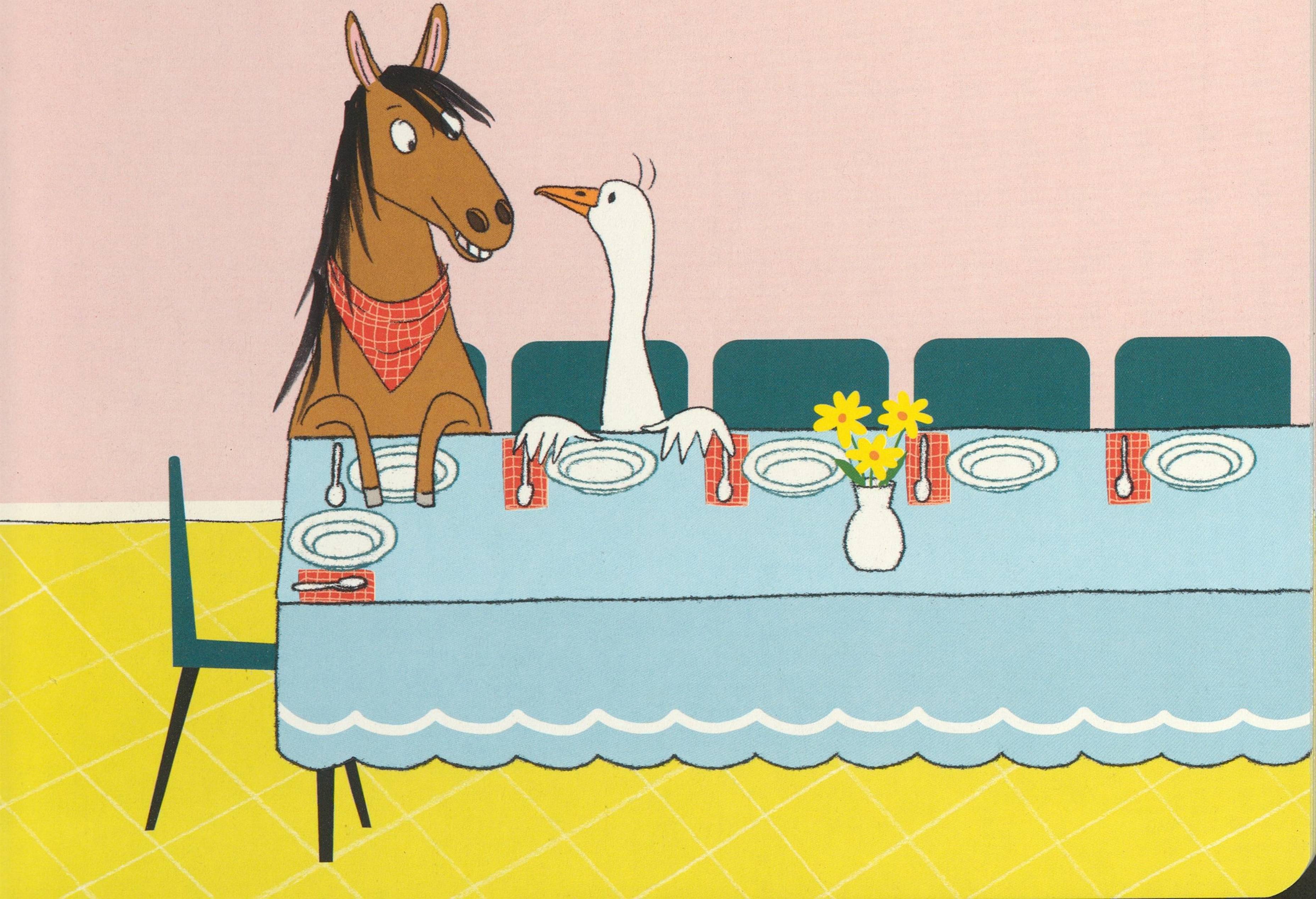

Für eine gute Suppe braucht man rote Rüben, grünes Gras, zarte Zweige …

»… und einen knackigen Knochen«, sagt der Hund.

KLONK, ab in den Topf!

Deckel auf – Deckel zu.

Und was noch?

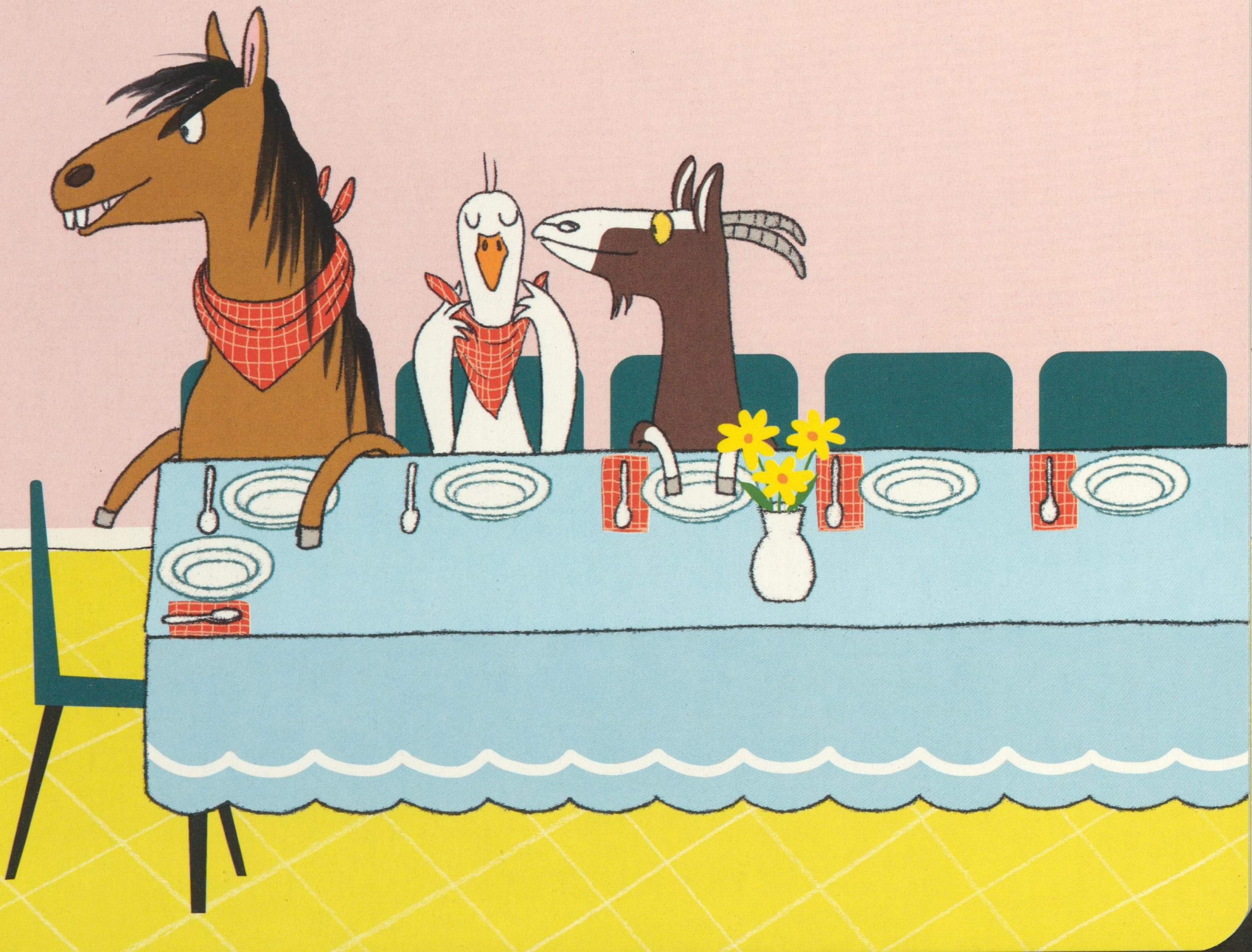

Für eine gute Suppe braucht man rote Rüben, grünes Gras, zarte Zweige, einen knackigen Knochen ...

»... und frische Fichtenzapfen«, sagt das Eichhörnchen.

RISPEL RASPEL, RISPEL RASPEL, ab in den Topf!

Deckel auf – Deckel zu.

Und was noch?

»Fehlt nur noch Salz«, sagt das Kind.

Deckel auf – umrühren.

Fertig!

GUTEN APPETIT!

BÄÄÄH!

Das schmeckt ja schrecklich!

Da kommt das Schwein.

»Suppe schon fertig?«, fragt es. »Lasst mal probieren!«

Deckel auf.

»PUUH, was für eine Stinkebrühe!«, ruft das Schwein.

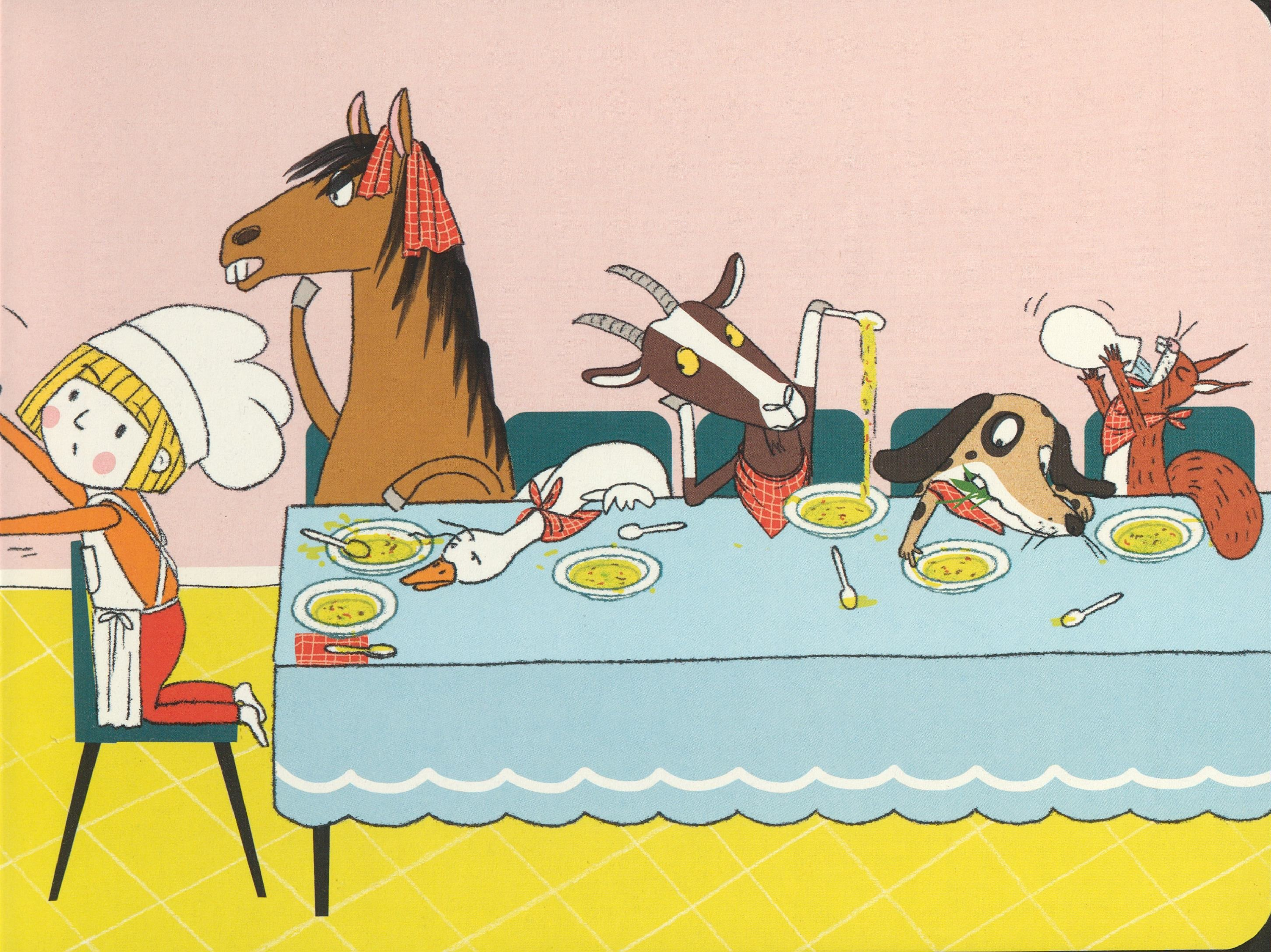

»Lecker! Meine Lieblingssuppe!«

SCHLAPP SCHLAPP, ist der Topf leer.

Deckel zu.

Und was nun?

»Nach einer guten Suppe braucht man …
NACHTISCH!«, ruft das Schwein.

NJAM
NJAM
NJAM
NJAM

12 Uhr Mittag. Zeit für eine gute Suppe.

Alle wissen, was reingehört:
Das Pferd bringt rote Rüben, die Ziege zarte Zweige, der Hund einen knackigen Knochen …

Na, ob das am Ende schmeckt?

Ein lustiges Bilderbuch für kleine Leckermäuler.

»Großartig vorzulesen, nachzuspielen und auszubauen. Ein wahrhaft köstliches Bilderbuch!« Stiftung Lesen

MIX
Karton | Fördert gute Waldnutzung
FSC® C021195

Umweltfreundlich produziert
ohne Folie und UV-Lack

6. Auflage 2025

Lektorat: Sophia Marzolff
Satz: Magdalene Krumbeck, Wuppertal
Druck: SDP Sachsendruck GmbH
ISBN 978-3-7795-0686-7
www.peter-hammer-verlag.de

Peter Hammer Verlag GmbH
Föhrenstr. 33–35
42283 Wuppertal, Deutschland
info@peter-hammer-verlag.de

PETER HAMMER VERLAG

9 783779 506867